Alberto Pucheu ▪ André Dick ▪ Bruna Beber ▪ Danilo Monteiro ▪ Diego Vinhas ▪ Elisa Andrade Buzzo ▪ Fabrício Carpinejar ▪ Fabrício Corsaletti ▪ Joca Reiners Terron ▪ Marcelo Camelo ▪ Mário Bortolotto ▪ Paulo Scott ▪ Paulo Seben ▪ Rodrigo Petronio

Poesia do dia
Poetas de hoje para leitores de agora

Seleção e organização
Leandro Sarmatz

Ilustrações
Leandro Velloso

editora ática

Poesia do dia
© Alberto Pucheu © André Dick © Bruna Beber © Danilo Monteiro © Diego Vinhas
© Elisa Andrade Buzzo © Fabrício Carpinejar © Fabrício Corsaletti © Joca Reiners Terron © Marcelo Camelo
© Mário Bortolotto © Paulo Scott © Paulo Seben © Rodrigo Petronio

Conforme a nova ortografia da língua portuguesa

Diretor editorial	Fernando Paixão
Editor assistente	Fabricio Waltrick
Assessoria editorial	Gabriela Dias
Colaboradora	Malu Rangel
Coordenadora de revisão	Ivany Picasso Batista
Revisoras	Luciene Lima
	Nancy Helena Dias
ARTE	
Editor	Antonio Paulos
Diagramadora	Thatiana Kalaes
Editoração eletrônica	Carla Castilho	Estúdio
Pesquisa iconográfica	Sílvio Kligin (cood.), Josiane Laurentino

CIP-BRASIL. CATALOGAÇÃO NA FONTE
SINDICATO NACIONAL DOS EDITORES DE LIVROS, RJ

P798

Poesia do dia : poetas de hoje para leitores de agora / Danilo Monteiro... [et al.] ; seleção e organização Leandro Sarmatz ; [ilustração Leandro Velloso]. - São Paulo : Ática, 2008.
88p. : il. ; - (Quero Ler)

Contém suplemento de leitura
Inclui apêndice e bibliografia
ISBN 978 85 08 11504-4

1. Antologias (Poesia brasileira). I. Monteiro, Danilo. II. Sarmatz, Leandro, 1973-. III. Série.

07-4593   CDD 869.91008
                 CDU 821.134.3(81)-1(82)

ISBN 978 85 08 11504-4 (aluno)
ISBN 978 85 08 11505-1 (professor)

2012
1ª edição
3ª impressão
Impressão e acabamento: EGB Editora Gráfica Bernardi Ltda.

Todos os direitos reservados pela Editora Ática, 2008
Av. Otaviano Alves de Lima, 4400 – CEP 02909-900 – São Paulo, SP
Atendimento ao cliente: 0800-115152 – Fax: (11) 3990-1776
www.atica.com.br – www.atica.com.br/educacional – atendimento@atica.com.br

IMPORTANTE: Ao comprar um livro, você remunera e reconhece o trabalho do autor e o de muitos outros profissionais envolvidos na produção editorial e na comercialização das obras: editores, revisores, diagramadores, ilustradores, gráficos, divulgadores, distribuidores, livreiros, entre outros. Ajude-nos a combater a cópia ilegal! Ela gera desemprego, prejudica a difusão da cultura e encarece os livros que você compra.

Gente nova no pedaço

Olha que coisa bacana: a poesia brasileira está sempre se renovando, com novos poetas aparecendo – sem que isso resulte em esquecimento da geração anterior, muito antes pelo contrário. Os poetas – digamos – mais experientes servem de norte para os que estão chegando. Por isso que a fonte nunca seca. Por isso, também, o saudável trânsito de influências entre as gerações. Fosse uma festa, os poetas estariam circulando de uma rodinha para outra, se conhecendo, ouvindo histórias aqui, descobrindo afinidades ali. E isso é essencial para renovar o fôlego da literatura brasileira.

Veja os poetas desta seleção, por exemplo. Gente nascida entre as décadas de 1960 e 1980, um tempo em que o Brasil e sua literatura mudaram consideravelmente. Lá fora, no chamado mundo real, o país experimentou a ditadura e depois a redemocratização. Crises econômicas. Períodos de euforia e de depressão nacional. Nas letras, a influência da cultura pop, da música e do cinema trouxe novos olhares, muitas vezes mais vibrantes e sem aquele compromisso (perceptível em gerações anteriores) em resumir um país tão grande e culturalmente diversificado como o nosso.

Neste volume, há poetas de diversos estados brasileiros, cada qual com seu cadinho de influências e sua visão de mundo bem particular. Há letristas também, autores que se expressam por meio de canções. Isso é apenas mais uma prova da sensibilidade de uma nova geração que está querendo falar liricamente de temas como a vida nas cidades, os amores, prestando contas com suas memórias familiares, dando o testemunho poderoso de gente jovem a respeito das grandes mudanças que o país vem atravessando nas últimas décadas.

Mas não pense que todos falam coisas iguais apenas porque habitam o mesmo espaço e compartilham o mesmo tempo. Há, claro, traços em comum. O maior deles é uma observação sensível de um período crucial da vida de todos nós, que é a passagem da adolescência para a fase adulta. Uma fase muitas vezes bela e muitas vezes dura, ambas as características se misturando, se confundindo e dando um nó na cabeça da gente. Tempo em que as memórias começam a ter papel importante para estruturar a visão de mundo, em que os amores parecem mais intensos (assim como as crises nos relacionamentos), em que há uma vontade louca de inventar o próprio caminho, mesmo que aos trancos e barrancos.

São tais características que, aliás, ajudaram a dar forma a esta seleção de autores. Não são autores propriamente adolescentes, tampouco fechados nessa temática. Porém, são poetas que sabem traduzir e dar forma lírica como poucos ao turbilhão desse período da vida. Sem imagens preconcebidas ou cenas esquemáticas, falam de dentro para fora, ajustando o olhar para coisas que às vezes passam despercebidas, modulando a voz até encontrar o tom certo para rir e chorar, pensar e agir, amar e esquecer.

Leandro Sarmatz

Sumário

Meu amor é pra você | 7

Com suas próprias asas | 21

Meu outro nome | 45

Trocando sonhos | 57

Referências bibliográficas | 74

Quero mais | 77

Meu amor é pra você

Amores possíveis e impossíveis. O arrebatamento da paixão e a vertigem do desamor. Sempre um aprendizado, pois ninguém passa incólume pela ciranda dos afetos. Cumpre sonhar e sofrer, com intensidade, com integridade, cada presença e cada ausência. A descoberta dos sentidos amorosos em sua potência máxima. É disso que falam os textos desta seção.

Não quero descobrir
        Que te amo
Prefiro continuar ligando
     E dizer que foi engano

Mário Bortolotto

Aprendizado

Aprender
a ser sozinho
além de toda
melancolia
não esperar
nada das coisas
nem de ninguém
mas encantar-se
com tudo o que
é vivo
e imprime
um rastro fugaz

o amor
virá depois
como um sacramento

Fabrício Corsaletti

Ainda o movimento para o primeiro amor

hoje fui atacado por uma dessas aranhas-gota,
são animaizinhos que se alimentam da respiração humana,
descem pelos azulejos, aí saltam, picam no pescoço
(geralmente atacam em dupla)
e sobem rápidas para o couro cabeludo,
a vítima tem menos de um minuto
para se ajeitar na posição horizontal,
é a única forma de aplacar a dor
que se alastrará pelos globos oculares,
procurá-las é inútil, desista, elas cavalgarão na sua cabeça,
a paralisia durará meia hora,
você não adivinha a saudade que me veio
quando o efeito do veneno passou

Paulo Scott

Obsessão

como muito pão de mel
como como como
pacman cor-de-rosa
não vivo sem você
acordo à noite pra comer
minhas pílulas rosadas
enamoradas
até enjoar
não posso mais ver
não quero mais ver
agora é pão de queijo
meu amor é pra você
foi redirecionado

Elisa Andrade Buzzo

Você lembra o dia
do primeiro beijo,
lembra do sapato
sabe até o cardápio
de uma certa vez
à luz de velas
em algum lugar
quando nos dissemos
o que eu me esqueci.

Você lembra tudo
mas eu não me lembro;
tudo o que eu vivi
me trouxe aqui.
Por isso você lembra
enquanto eu faço.

Amei cada momento,
apertei cada abraço:
se eu te amo tanto agora
foi porque existiu
cada cena, todo o esquema.

E as fotografias
podem se queimar,
mas quem te amor assim
não vai deixar jamais
de te amar – assim.

Paulo Seben

Passagem

o beijo que espero virá
da colisão das retas
paralelas

a caminho da festa
banho de lama
na minha melhor roupa

de raspão passará como tiro
em quem tá do lado
esperando o ônibus.

Bruna Beber

verbo irregular

pra sempre é passado
é mais uma promessa apostando corrida
com todas as outras
na escadaria da igreja da penha

voltaria atrás
de joelhos
pra chegar primeiro
no futuro

porque se o tempo cura tudo
e o tal futuro a deus pertence
não vou duvidar
que milagres acontecem

mas pra sempre vou achar
não quero me especializar
em ter certezas, em fabricar
situações definitivas

toda vez que me vierem à cabeça
seus lábios de algodão
doce se dissolvendo
nos meus.

Bruna Beber

Sem

te quero
cem
por cento
nua
vestida
não
espero
toda
a vida
vem

Paulo Seben

Situação

to dormindo no lodo
da vala confortável onde dormem
os apaixonados

e lambendo sabão de cachorro
sorrindo, e sentindo cheiro de maçã
onde não tem

chamando os amigos pra almoçar
e deixando a comida esfriar
pra falar de você.

Bruna Beber

Metrô

o crucifixo brilha entre os seios gêmeos
E a árvore da ciência oferece o sumo dos seus frutos.

De túnel em túnel a luz se acende e apaga.
Percorremos galerias dentro de um ventre de lata.
E ela me olha de soslaio
                              como quem não quer nada.

Rodrigo Petronio

Com suas próprias asas

Nem todos somos iguais, ainda bem. Em momentos cruciais, uns gostam de se refugiar nas memórias, ainda que precoces. Outros encontram no próprio estranhamento a força de sua singularidade. É preciso ser como todo mundo? Esse questionamento, que se insinua a partir da adolescência, é revelador. Às vezes vem com violência. Às vezes, com certo alheamento.

Reserva de chuvas

Na escola, zombaram de minha pronúncia torta,
ameaçaram-me com canivetes no recreio.
Assisti a covardia crescer, aquietado no fundo da sala.
Durante anos, contive o veludo áspero da pata,
a soleira da pata, a vogal da pata.
Preparei a vingança pelas palavras.

Roubei o dízimo, enrolei o papel seda
dos versículos para fumar tuas promessas.
Pisei em teu rosto com a luz suja de um livro.
A neblina me perseguiu enfurecida
e não viu que estava nela.

Peço desculpas como uma criança,
as mãos algemadas
na inocência nociva.

Como enganar os gestos?
Minha vontade de abraçar
esgana.

Todos meus erros descendem do excesso,
não da penúria.

Deus, será que tua água
vem da sede do homem?
Será que nossa sede é potável?

As diferenças nos assemelham,
o único vizinho do mar é o abismo.
Estou extremamente perto
e morro distante.
Mora numa morte emprestada.

Cerca-me da cegueira,
tal relâmpago que acende o bosque
para as aves pousarem nele.

Cerca-me da cegueira,
desapegando do que não vi.

Cerca-me da cegueira,
a fidelidade do vento é testada no naufrágio.

Cerca-me da cegueira,
como uma fruta apanhada com os dentes.

Cega-me.
Meu desespero fracassou
ao passar a noite em claro.
Fez amizade com as sombras.

Fabrício Carpinejar

Ventos

Quero um dia de vento:
a ideia das folhas,
a comida simples,
a lua fácil de se pegar com o garfo.
Cansei da tragédia da vida,
quero o amor me roçando a cara
como quem faz alusão aos pássaros.
A vida por uma mulher,
a vida por uma ideia.
Sem nenhum desespero.
Seguro de si como um bom verso.

Fabrício Corsaletti

Cara estranho

Olha só, que cara estranho que chegou
Parece não achar lugar
no corpo em que Deus lhe encarnou
Tropeça a cada quarteirão
não mede a força que já tem
exibe à frente o coração
que não divide com ninguém
Tem tudo sempre às suas mãos
mas leva a cruz um pouco além
talhando feito um artesão
a imagem de um rapaz de bem

Olha ali quem está pedindo aprovação
Não sabe nem pra onde ir
se alguém não aponta a direção
Periga nunca se encontrar
Será que ele vai perceber
que foge sempre do lugar
deixando o ódio se esconder
Talvez se nunca mais tentar
viver o cara da TV
que vence a briga sem suar
e ganha aplausos sem querer

Faz parte desse jogo
dizer ao mundo todo
que só conhece o seu quinhão ruim

É simples desse jeito
quando se encolhe o peito
e finge não haver competição

É a solução de quem não quer
perder aquilo que já tem
e fecha a mão pro que há de vir

Marcelo Camelo

A luta antes da luta

Você sabe, de nada adianta rezar no canto do ringue.
Aquele que nele sobe, sobe sozinho.
As bravatas lançadas na hora da pesagem
e o peso da multidão colado em sua carne,
você sabe, lá em cima, só aumentarão seu abandono.
Você sabe também o preço que terá de pagar
se deixar que qualquer vagabundo desfigure
sua fisionomia. Mas é isso que você quer?
Não é isso que você quer. Aconteça
o que acontecer, não jogarei a toalha, não é para isso
que chegamos até aqui... Você ainda é muito novo
para perder, e sua família, muito necessitada. Você sabe,
você tem de deixar seu passado para trás, eu sei que você
não quer voltar para as ruas, para o crime, para a cadeia...
Portanto, quando subir lá em cima, eu lhe digo,
não deixe que o adversário veja medo em sua face:
se, ainda antes do primeiro soar do gongo, ele
vislumbrar uma mínima expressão de temor em seu rosto,
conhecerá o caminho mais rápido
para encontrá-lo durante o combate. Mas você
não terá nenhum instante de fraqueza nesse combate,
você está preparado, eu sei que você está preparado,
e você também sabe disso. Ninguém quer acordar amanhã
num quarto de hospital... você quer acordar
num quarto de hospital balbuciando palavras desconexas?
Ein? Você quer acordar num quarto de hospital,
com sua mulher chorando preocupada ao lado da cama?

Não, você não quer isso pra você nem pra sua família,
nem eu quero isso para o meu garoto de ouro. Por isso,
treinamos duro, por isso, treinamos tanto. Então, vá lá
em cima, já estão anunciando seu nome, suba
para o quadrado, suba, já começaram a tocar a música,
vá para o ringue e, no meio do entrevero,
por entre as saraivadas de golpes,
faça seu adversário sentir o peso do esquecimento
carregando-o para longe do estádio, carregando-o
para longe de todo e qualquer lugar.

Alberto Pucheu

Visita

da mesma matéria
de que são feitos
os domingos
– tédio e vapor em pedra-sabão –
compunha-se a espera
num gesto mais
branco.

Diego Vinhas

De onde vem a calma

De onde vem a calma daquele cara?
Ele não sabe ser melhor, viu?
Como não entende de ser valente
ele não sabe ser mais viril
Ele não sabe não, viu?
Às vezes dá como um frio
É o mundo que anda hostil
O mundo todo é hostil

De onde vem o jeito tão sem defeito
que esse rapaz consegue fingir?
Olha esse sorriso tão indeciso
Tá se exibindo pra solidão
Não vão embora daqui
Eu sou o que vocês são
Não solta da minha mão
Não solta da minha mão

Eu não vou mudar não
Eu vou ficar são
Mesmo se for só não vou ceder
Deus vai dar aval sim,
o mal vai ter fim
e no final assim calado
eu sei que vou ser coroado rei de mim.

Marcelo Camelo

História

Na cidade em que nasci
havia um bicho morto em cada sala
mas nunca se falou a respeito
os meninos cavávamos buracos nos quintais
as meninas penteavam bonecas
como em qualquer lugar do mundo
nas salas o bicho morto apodrecia
as tripas cobertas de moscas
(os anos cobertos de culpas)
e ninguém dizia nada
mais tarde bebíamos cerveja
as brincadeiras eram junto com as meninas
a noite aliviava o dia
das janelas o sangue podre
(ninguém tocava no assunto)
escorria lento e seco
e a cidade fedia era já insuportável

parti à noite despedidas de praxe
embora sem dúvidas chorasse

Fabrício Corsaletti

Nasci vingativo,
negando
o que deveria perdoar,

omitindo
o que deveria mencionar,
exagerando para soar falso

o que de verdade sinto.
Falsifiquei-me para que fosses
próximo do real.

Ao escapar de tua figura
me tornei igual.
Tudo está perdido, então

tudo é necessário.
Sou a barca que fica
afiando as águas.

Fabrício Carpinejar

Bestiário

os cães
da minha rua
renunciaram
milícias

não guardam

não
beliscam mais
a madrugada
com ruídos
revirados

Diego Vinhas

acrobata

já estou varada
de furos de ausência
não vou virar
louca varrida
mulher preterida
vencida retorcida
não sofro mais
continuo mentindo
bebendo inseticida
sou morticida
malamada
desprezada
não quero mais
eu quero é um doce
molho agridoce
pousar docemente
num algodão doce
já não sou mais
de docementes
minha vida ativa
já é bem mais
que lucrativa
companhia de comes
e bebes e bebes e
bebo latas e latas e
garrafas e pets de
coca-cola choca
sou de estirpe fina
e quero uma linha

parar de tecer
círculos no céu
zumbir no zunido
tonta torta
ai, que asneira
sou eu
mais uma
mosca maldita

Elisa Andrade Buzzo

Manual de autoajuda para supervilões

Ao nascer, aproveite seu próprio umbigo e estrangule toda a equipe médica. É melhor não deixar testemunhas.

Não vá se entusiasmar e matar sua mãe.
Até mesmo supervilões precisam ter mães.

Se recuse a mamar no peito. Isso amolece qualquer um.

Não tenha pai. Um supervilão nunca tem pai.

Afogue repetidas vezes seu patinho de borracha na banheira, Assim sua técnica evoluirá. Não se preocupe. Patos abundam por aí.

Escolha bem seu nome. Maurício, por exemplo.
Ou Malcolm.

Evite desde o início os bem-intencionados. Eles são superchatos.

Deixe os idiotas uivarem. Eles sempre uivam, mesmo quando não
podem mais abrir a boca.

Odeie. Assim, por esporte.
E torça por time nenhum.

Aprenda a cantar samba, rap e jogar dama. Pode ser muito útil na cadeia. Principalmente brincar de dama.

Ginga e lábia, com ardor. Estômago em lugar do coração, pedra no rim em vez de alma.

Tome drogas, pois é sempre aconselhável ver o panorama do alto.

Fale cuspindo. Super-heróis odeiam isso.

Pactos existem para serem quebrados. Mesmo que seja com o diabo.

Nunca ame ninguém. Estupre.

Execre o amável. Zele pelo abominável.

Seja um pouco efeminado.
Isto sempre funciona com estilistas.

Joca Reiners Terron

Amor

Frasco garrafal
de perfume
adoro
tirar
a tampa

Elisa Andrade Buzzo

Esses copos de leite
vão ter uma duração mínima.
Logo que o prédio inaugurar
vão tombar a golpes de machado.

Elisa Andrade Buzzo

Perdido nas cidades

Em meio às pessoas atravessando a rua na manhã de tráfego,
e nos carros ao lado procuro meu amigo esquimó.
Encontro-o somente na penumbra do quarto, ali no canto onde ficam brinquedos quebrados, os gibis de páginas rasgadas.
Vejo-o dentro deste navio pirata e sacudimos a bandeira Jolly Roger
na janela para todos verem. Meu amigo esquimó nunca me deixa só.
E, quando estou prestes a congelar, ele mija em cima de mim, salvando-me
da morte no gelo. O líquido quente derrete a neve e a fumaça sobe ao céu do iglu.
Depois meu amigo esquimó entra pela porta com a foca morta nos braços.
Com a faca corta o couro do bicho e então ele enfia minhas mãos
Enregeladas dentro daquele coração quente. Meus dedos revivem
enquanto aperto o coração da foca, pulsante feito o início de um sonho.
Ele nunca me deixa só.
Depois sujo de sangue as luvas brancas de meu amigo esquimó
e olho agradecido para seus olhos rasgados e sinto-lhe o hálito de sardinha.

Assim como a foca, meu amigo esquimó tem o coração quente,
apesar da aparência inerte e congelada, semelhante à da maioria das pessoas.
E como boas-vindas ao mundo ele me oferece por uma noite sua mulher
para que ela reaqueça meu coração frio, meu coração parecido com um boneco de neve
a quem roubaram cartola e carteira, um boneco de neve mal-humorado em noite
De temporal branco e de selvagens canções inuítes sopradas pelo vento lá fora
Em meio às pessoas atravessando a rua na manhã de tráfego.

Joca Reiners Terron

Da condição primeira

Com a licença de todos os santos
e a de meu pai Oxalá
pego nesta encruzilhada o prato de comida
A fome é grande
e é pela minha boca que comem os deuses

Alberto Pucheu

Meu outro nome

A vida nas cidades, a tecnologia, os esportes, o choque com a realidade: um caldeirão de experiências quase sempre agudas. Normal que seja assim: o mundo lá fora anda a passos largos, a vida muda do dia para a noite. É preciso ter um certo jogo de cintura para não se sentir completamente perdido nessa vida fluída e veloz. A vida muda? Mudemos com ela.

Enquanto te espero,
sou chamado ao portão. Não respondo.
O nome ajuda a envelhecer.

Pela rua deserta, as pessoas passam,
fechadas como as lojas.

Enquanto te espero,
custo a recobrar o sono recente.

A nudez adormece
quando acordamos.

Amadurecem os dias
como se não fossem meus.

Fabrício Carpinejar

Certos trabalhos exigem desembaraço

Por exemplo: quando uma maritaca caminha por
        um galho para comer flores amarelas
ela não pode paralisar-se com o encantamento
                               [disso
pensar numa lista de agradecimentos
ou negar-se à singeleza

Ou então: uma árvore tem muitos segredos porque
                            [vive
        do céu e do subterrâneo
é palco de circunstâncias exageradamente felizes
principalmente de si mesma
ela não se atrapalha com isso
mas eu sim
um pouco

Danilo Monteiro

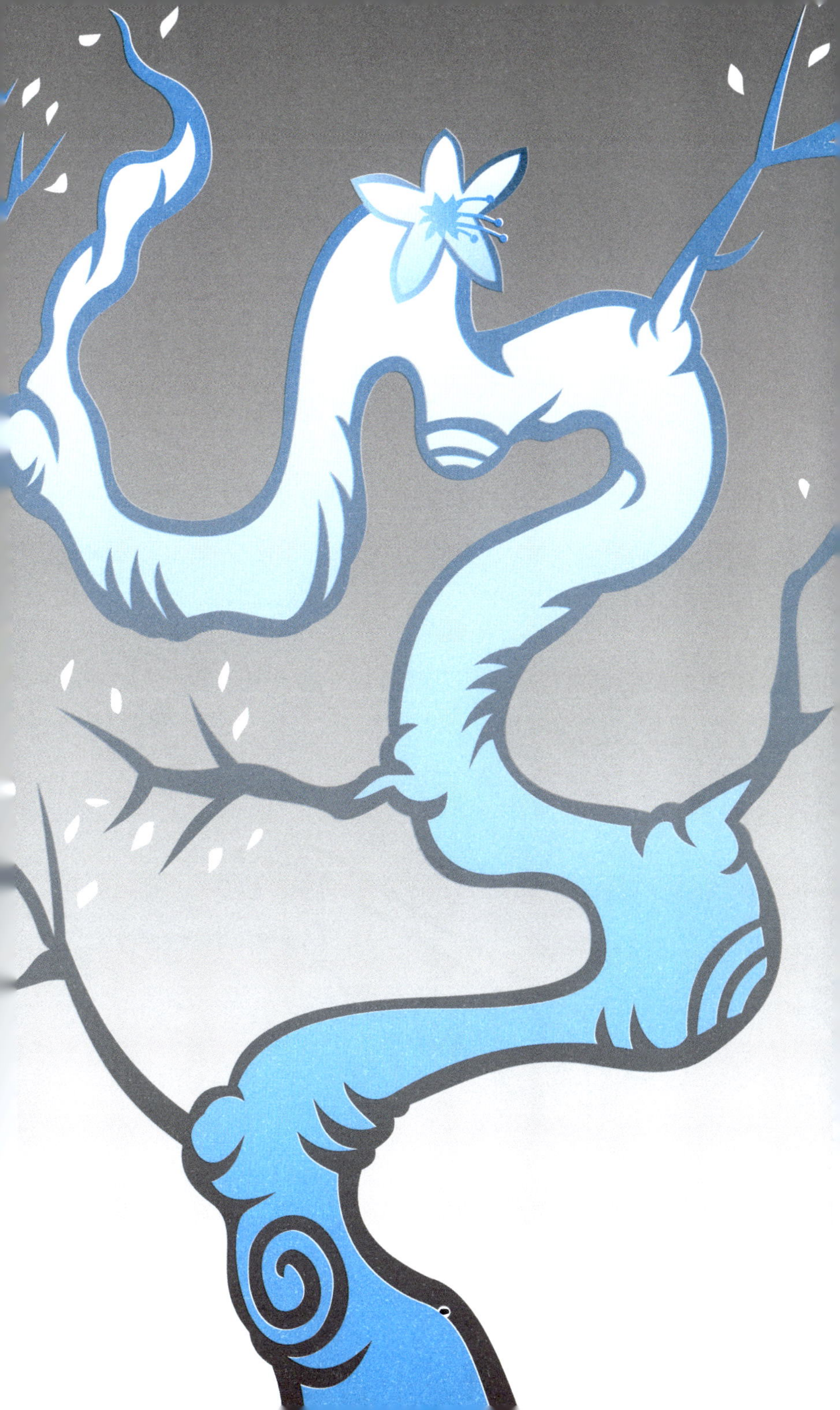

Skate

rápido, só enxergo vogais
quando tento sorrir
o pescoço dá um rabo
de azulejos quebrados

Paulo Scott

RAP

paixões são urgentes
explodem hecatombes
hiroshima césio 137
você olha e de repente
POW
você pisca e de repente
POW
eu finjo que não é comigo
finjo que estou distraído
e de repente POW.

Bruna Beber

Telefone

te liguei esses dias,
uma vez ocupado
depois ninguém em casa,
seu celular caixa postal
não deixei recado

Elisa Andrade Buzzo

Roteiro

1 medo de mostrar o corpo
2 querendo brigar
3 sozinho na cama pensando em velocidade
4 tarde de surfe seguida de banho quente
5 minha avó na barraca e cheiro de leite em pó
6 sentimento confuso enquanto meu amor chora
7 número vinte e seis, seguido de um cão amigo
8 minha mãe dizendo: você é um trouxa
9 noite de sábado, aos dezoito anos
10 dois irmãos chorando na cama dos pais

Paulo Scott

Pista do Bem-te-vi, Urca

Nos acostumamos
com os fragmentos
nas avenidas

mas no dia
de sol
quando

o universo
é um círculo azul
voltado para dentro

e as ondas
arrebentam na audição
iluminada

qual não é
a admiração
de um jovem

tranquilo
nas margens
da água

Alberto Pucheu

Adeus, armários mofados

adeus, armários mofados

meus olhos porejando
no deserto imaginário

nunca tive ligações
com esse ninho de traças

sou do podre do quintal

vivo à margem como vive
à margem também o sol

teu corpo lençol de sal
aqui vai mais um adeus

nem sempre procuro a morte
mas sempre corro algum risco

Fabrício Corsaletti

Trocando sonhos

A infância passou, a ingenuidade ficou para trás. Foi trocada por atitudes mais afirmativas. Apesar disso, a sombra da dúvida parece pairar sobre todas as cabeças. Certezas são importantes, mas é preciso saber trocar de camiseta, de time, de sonhos. Caso contrário, a vida parece estática. Mudar sempre.

Movediço

sou antigo e
movediço
como o mangue

não sei
como não enlouqueci
aos 16

ainda tenho forças
pra destruir este quarto
este corpo os postes
da rua –

mas não posso
morrer não posso
não assim
maravilhado

Fabrício Corsaletti

quando o meu amor
tira os olhos de mim
eu não enxergo

Elisa Andrade Buzzo

O mangustão é uma fruta de casca dura. A gente abre pelo meio com uma faca para chegar à polpa, que espera lá dentro branca e mole e suculenta como uma noiva. A casca dura, agora aberta pelo meio, parece uma caixinha de joias. Mas o que guardar lá dentro, se o bem da polpa é não permanecer? Eu fico com esta caixinha de joias na mão, sem saber o que guardar.

Danilo Monteiro

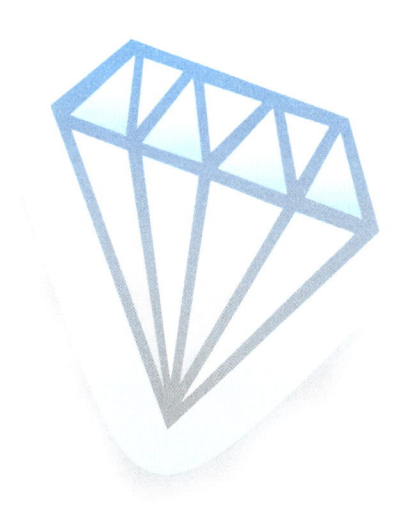

Crianças

crianças gostam de cães,
do espaço que eles deixam
quando correm no gramado

André Dick

Atendi o pedido dos pais
de não conversar com estranhos
e deixei de me escutar.

Fabrício Carpinejar

Memória dos dias comuns

para Paulo Werneck

a tia Eduarda o tio Lito
as aulas de Kumon
a casa do Gago
o Fraquinho
a gata sem olho do Frango
as orelhas enormes
do presidente do Rotary Club
o futebol que eu jogava tão mal
o Jeovan colega de escola
os oito pratos de macarrão
ir para o sítio de bicicleta
tantos lambaris
os barulhos
de serra elétrica
o cheiro de carne com batatas
às onze horas
vindo da cozinha
a panela de pressão

os dias decisivos
os sentidos
as idas e vindas
da vida
não

Fabrício Corsaletti

Não sou unânime para te dizer sim.
Dissidências me governam.

Fabrício Carpinejar

Um gato preto no peito

Emparedei um grito
      que não cala.
Calafetei as frestas,
      mas não para.

Paulo Seben

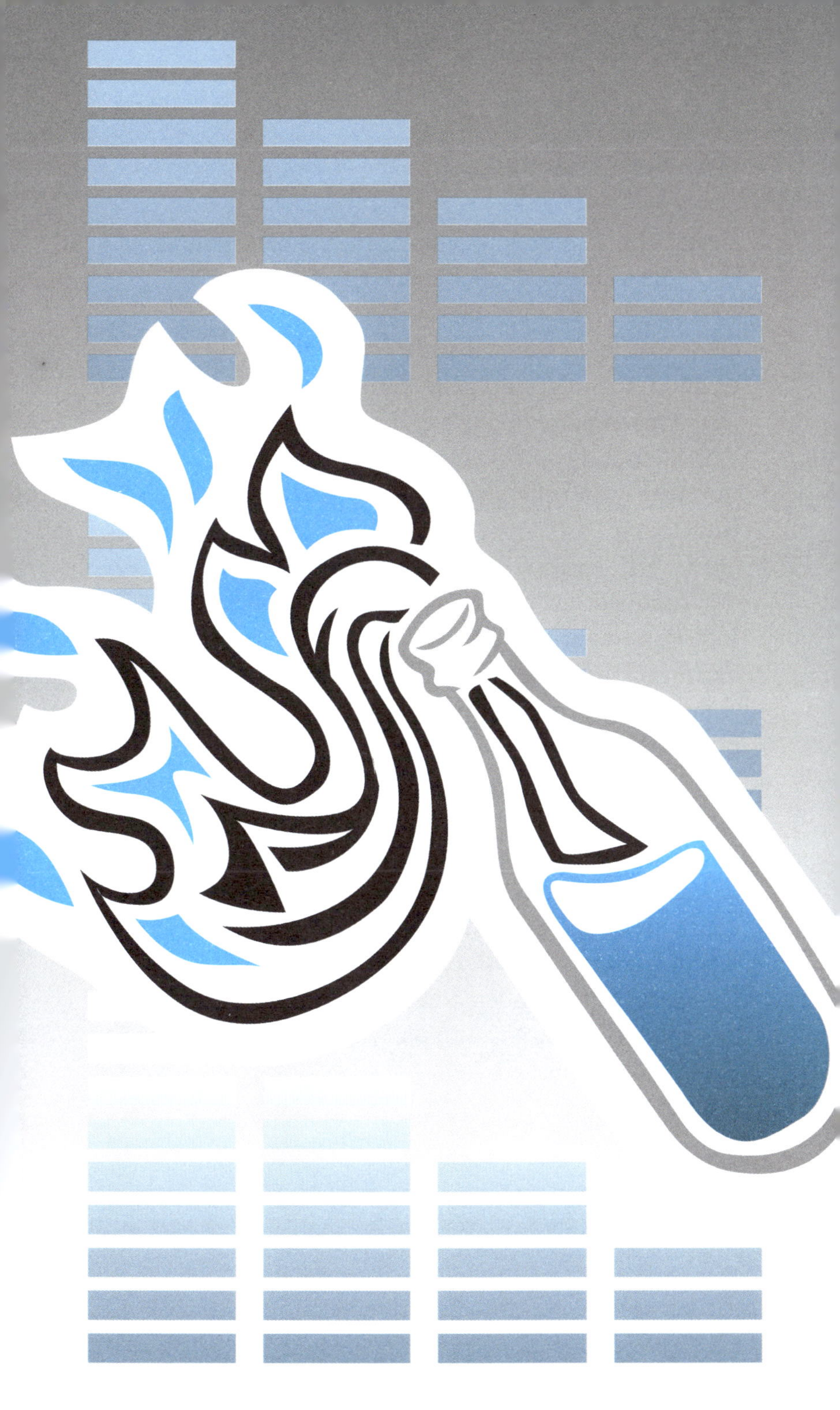

Fabíola Cristina

cresci com os morcegos de uma antiga amendoeira do quintal
de ponta a cabeça da meia-noite em diante
observando o movimento das bocas
e dos pais de família voltando do trabalho
e com os mendigos no pátio duma clínica de reabilitação
abandonada na rua de trás eu brincava de fingir de morto
e de fugir do hospício pelos muros laterais
me chamavam bebê-tarzan
bebê-diabo
outros bebê-mascote
de uma quadrilha de tráfico de drogas da baixada fluminense
só porque eu brincava cos vendedores de cavaco-chinês
de cortina, panela e colcha de tergal
às sextas-feiras no portão da frente da casa da minha avó
que na verdade eram atravessadores de artesanato
do nordeste prum distante bairro curiosamente chamado
                                                [Centenário
só porque eu era amiga dos malucos
das vagabundas e do dono da barraca de cheiro-verde
em frente ao Mercado Municipal
dos desajustados e dos desvalidos
d'a fila sem fim dos demônios descontentes no amor
duma pichação do Viaduto da Perimet
em frente ao armazém 5
do Cais do Porto.

Bruna Beber

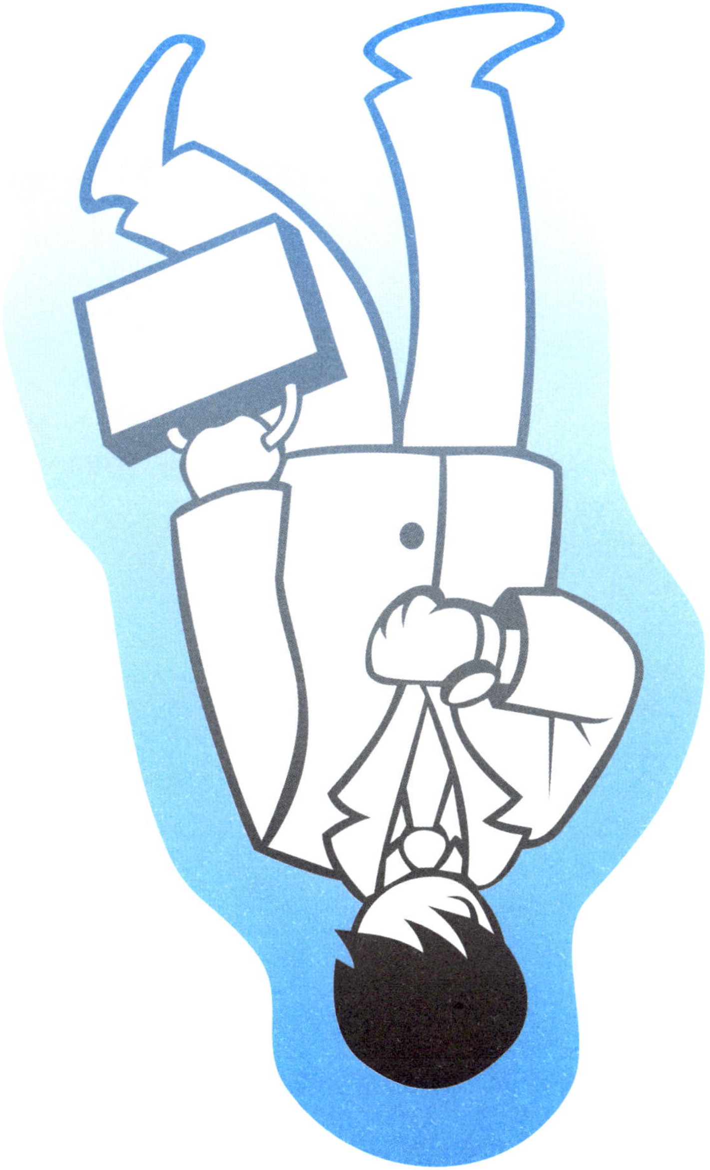

Vamos trocar uns sonhos

primeiro dorme e
sonha comigo,
um grande astro dos filmes
em meio ao jardim japonês
do kung fu da Sessão da Tarde.
Sequestro você pra longe dos
gângsteres, pras colinas
de criptomérias, saltitantes
como caratecas no cio.
Depois, durmo e sonho
contigo, cada fiapo
de nuvem que a Telefunken
emana tem tua fala,
essas vozes todas me conduzem
a um lugar macio
onde vales são trilhas
entre teus seios e há um odor
suave vindo da enorme cratera
que é tua boca.
De lá saem ventos
chamados Hálitos
e chamas vulcânicas enormes
me envolvem, quando acordo
você sorri, e sussurra labaredas
em meu ouvido, acorda
Idiota, vai dormir na cama.

Joca Reiners Terron

Escrito

não o que vem escrito
em pano ou caderno,

nem a luz, seu infinito,
como se alguém lembrasse

o desenho e a saudade
de alguém que sempre

coloca o vaso na rua,
das flores, seu desenlace

André Dick

ela sabia quando tinha que ir embora
era só eu colocar um rock
e botar os cachorros pra fora

Mário Bortolotto

Referências bibliográficas

Os poemas que compõem esta antologia foram selecionados dos seguintes livros e discos:

- Alberto Pucheu
  "A luta antes da luta"
  "Da condição primeira"
  "Pista do Bem-te-vi, Urca"
  In *A fronteira desguarnecida*. Rio de Janeiro: Azougue Editorial, 2007.
- André Dick
  "Crianças"
  "Escrito"
  In *Grafias*. Porto Alegre: Instituto Estadual do Livro, 2003.
- Bruna Beber
  "Passagem"
  "verbo irregular"
  "Situação"
  "RAP"
  "Fabíola Cristina"
  In *A fila sem fim dos demônios descontentes*. Rio de Janeiro: 7Letras, 2006.
- Danilo Monteiro
  "[Certos trabalhos exigem desembaraço]"
  "[O mangustão é uma fruta de casca dura]"
  In *Hoje outro nome tem a chuva*. Rio de Janeiro: Azougue Editorial, 2003.
- Diego Vinhas
  "Visita"
  "Bestiário"
  In *Primeiro as coisas morrem*. Rio de Janeiro: 7Letras, 2004.
- Elisa Andrade Buzzo
  "acrobata"
  "Amor"
  "[esses copos de leite]"
  "Telefone"
  "[quando meu amor]"
  In *Se lá no sol*. Rio de Janeiro: 7Letras, 2005.
  "Obsessão"
  In *Cuatro cuartetos: cuatro poetas recientes del Brasil*. Buenos Aires: Black&Vermelho, 2006.
- Fabrício Carpinejar
  "Reserva de chuvas"
  "[enquanto te espero]"
  "[atendi o pedido dos pais]"

"[não sou unânime para te dizer sim]"
In *Biografia de uma árvore*. Rio de Janeiro: Bertrand Brasil, 2005.
"[nasci vingativo]"
In *Um terno de pássaros ao sul*. Rio de Janeiro: Bertrand Brasil, 2002.

- Fabrício Corsaletti
"Aprendizado"
"História"
"Adeus, armários mofados"
"Movediço"
"Memória dos dias comuns"
"Ventos"
In *Estudos para o seu corpo*. São Paulo: Companhia das Letras, 2007.

- Joca Reiners Terron
"Manual de autoajuda para supervilões"
"Perdido nas cidades"
In *Cuatro cuartetos: cuatro poetas recientes del Brasil*. Buenos Aires: Black&Vermelho, 2006.
"Vamos trocar uns sonhos"
In *Animal anônimo*. São Paulo: Ciência do Acidente, 2002.

- Marcelo Camelo
"Cara estranho"
"De onde vem a calma"
In *Ventura*. BMG, 2003.

- Mário Bortolotto
"[não quero descobrir]"
"[ela sabia quando tinha que ir embora]"
In *Para os inocentes que ficaram em casa*. Londrina: Atritoart, 1997.

- Paulo Scott
"Ainda o movimento para o primeiro amor"
"Skate"
In *A timidez do monstro*. Rio de Janeiro: Objetiva, 2006.
"Roteiro"
In *Senhor escuridão*. Rio de Janeiro: Bertrand Brasil, 2006.

- Paulo Seben
"Sem"
"Um gato preto no peito"
"[você lembra o dia]"
In *Caderno globo 33*. Porto Alegre: Instituto Estadual do Livro, 2002.

- Rodrigo Petronio
"Metrô"
In *Pedra de luz*. São Paulo: A Girafa, 2005.

Quero mais

O percurso da poesia não tem fim. Não acaba no final de um livro: permanece na memória e nos sentidos do leitor. A leitura de um poema é uma experiência única.

Os autores deste livro colaboraram, cada um a seu modo, para a permanência da leitura e o enriquecimento de nossa imaginação. Poetas e poesia sempre tiveram um papel importante na história dos povos. Veja mais sobre isso nas próximas páginas.

Os autores

Quem escreveu estes poemas?

Alberto Pucheu

Alberto Pucheu nasceu no Rio de Janeiro, em 1966. É poeta, ensaísta, tradutor e professor de Teoria Literária na Universidade Federal do Rio de Janeiro (UFRJ). Poeta premiado, em 2007 Pucheu publicou *A fronteira desguarnecida*, livro que reúne sua obra poética. É também praticante de boxe, esporte que o inspirou a criar uma série de poemas, como "A luta antes da luta".

André Dick

André Dick nasceu em 1976, em Porto Alegre. Formado em Letras pela Universidade do Vale dos Sinos (Unisinos), em São Leopoldo (RS), é mestre em Literatura Comparada pela Universidade Federal do Rio Grande do Sul (UFRGS). Além da publicação de *Grafias*, em 2002, André Dick participou da antologia *Na virada do século: poesia e invenção no Brasil*, também publicada em 2002.

Bruna Beber

Bruna Beber nasceu no Rio de Janeiro, em 1984. Formou-se em Publicidade em 2005 e atualmente trabalha na área. Publicou seu livro de estreia, *A fila sem fim dos demônios descontentes* (esgotado), pela 7Letras, em 2006. Colaborou com diversos *sites* e revistas impressas de literatura, poesia e música. Já teve poemas publicados na Alemanha, Argentina e México. Bruna mantém o *blog mídias virgens & condessa buffet* (didimocolizemos.wordpress.com).

Os autores

Danilo Monteiro

Danilo Monteiro nasceu em 1974 e é paulistano, e além de poeta também é compositor e músico. Em 2003, lançou o livro *Hoje outro nome tem a chuva*, do qual fazem parte os poemas aqui presentes. Como compositor e músico, lançou os álbuns *Lua de 50 centavos* (2000), *Garoa* (2003) e *Poemusicabrincanção* (2008). Suas criações podem ser encontradas no *site* www.danilomonteiro.mus.br.

Diego Vinhas

Diego Vinhas nasceu em Fortaleza (CE), em 1980, onde ainda vive. É formado em Direito pela Universidade Federal do Ceará (UFC), área na qual trabalha atualmente. É autor do livro de poemas *Primeiro as coisas morrem* (2004) e coeditou a revista de poesia *Gazua*.

Elisa Andrade Buzzo

Elisa Andrade Buzzo nasceu em São Paulo, em 1981. É formada em Jornalismo pela Universidade de São Paulo (USP). Publicou seu primeiro livro, *Se lá no sol*, em 2005. Participou de coletâneas de poesia e coedita a revista de literatura e artes visuais *Mininas*. Mantém o *blog Calíope* (www.caliope.zip.net) e uma coluna no *site Digestivo Cultural* (www.digestivocultural.com.br).

Fabrício Carpinejar

Carpinejar, cujo verdadeiro nome é Fabrício Carpi Nejar, nasceu em Caxias do Sul (RS), em 1972. É poeta, jornalista e mestre em Literatura Brasileira pela UFRGS. Publicou, entre outros, *Cinco Marias* (2004), *Como no céu* (2005), *O amor esquece de começar* (2006) e *Meu filho, minha filha* (2007). Recebeu diversos prêmios por sua obra.

Os autores

Fabrício Corsaletti

Fabrício Corsaletti nasceu em Santo Anastácio, interior de São Paulo, em 1978. Graduado em Letras pela Universidade de São Paulo (USP), trabalha no mercado editorial. Publicou os livros de poesia *Movediço* (2001) e *O sobrevivente* (2003), além do infantil *Zoo* (2005). O livro *Estudos para o seu corpo*, publicado em 2007, reúne poemas já editados e poemas inéditos.

Joca Reiners Terron

Joca Reiners Terron nasceu em Cuiabá, em 1968. Já viveu em cinco estados e dez cidades diferentes do Brasil. Já teve sua própria editora, a Ciência do Acidente. Atualmente mora em São Paulo, onde trabalha como *designer* gráfico e escreve. Joca faz traduções, escreve novelas, contos e poesias. Seus poemas foram incluídos em antologias na Argentina, Estados Unidos e Brasil. Publicou dois livros de poesia – *Eletroencefalodrama* (1998) e *Animal anônimo* (2002) – e uma novela, *Não há nada lá* (2001).

Marcelo Camelo

Marcelo de Souza Camelo nasceu no Rio de Janeiro, em 1978. Formado em Comunicação pela Pontifícia Universidade Católica (PUC-RJ), acabou optando pela música. Em 1997, formou a banda Los Hermanos, atuando como vocalista, guitarrista e baixista, além de compositor. Em 2007, a banda – uma das mais prestigiadas pela crítica nacional – interrompeu suas atividades. Atualmente Marcelo compõe para outros músicos e participa de projetos e parcerias especiais.

Os autores

Mário Bortolotto

Mário Bortolotto nasceu em Londrina (PR), em 1962. Atualmente vive em São Paulo. É dramaturgo, diretor, ator de teatro, compositor e escritor. Escreveu, entre outras, as peças *Leila Baby*, *Nossa vida não vale um Chevrolet* e *Medusa de Rayban*. Publicou contos, um romance policial (*Mamãe não voltou do supermercado*, 1996) e lançou um CD, com composições próprias, *Cachorros gostam de Bourbon*.

Paulo Scott

Paulo Scott nasceu em Porto Alegre (RS) e leciona Direito Econômico na PUC-RS. Escreveu *Ainda orangotangos* (2007) e integrou a coletânea *Os cem menores contos brasileiros do século*. Alguns dos contos de *Ainda orangotangos* foram adaptados para o cinema, em filme com título homônimo. Os livros *Senhor escuridão* (2006) e *A timidez do monstro* (2006) são de poesia.

Paulo Seben

Paulo Seben é escritor e letrista. Publicou diversos livros, como *Mr. Hayde* e *Homem-Tronco* (1988), *Publiquei tango da independência* (1995) e *Caderno Globo 33* (2002). Ele também adaptou o clássico *A escrava Isaura* para o público juvenil. Professor desde 1979, atualmente leciona na UFRGS.

Rodrigo Petronio

Rodrigo Petronio nasceu em 1975, em São Paulo. Formou-se em Letras pela USP. Trabalha com tradução e edição de livros, além de escrever textos críticos para revistas e *sites* de literatura. Já recebeu prêmios por sua produção tanto em prosa quanto em verso. É autor dos livros de poemas *História natural* (2000), *Assinatura do sol* (2005) e *Pedra de luz* (2005).

Poesia modernista

Modernismo: o fermento do novo

Para entender a poesia hoje é preciso olhar um pouco para trás e voltar para o início do século XX. Foi nessa época que o jovem Mário de Andrade, debaixo de vaias, declamou seus poemas modernistas no Teatro Municipal de São Paulo, em fevereiro de 1922, durante a Semana de Arte Moderna. Com o Modernismo, movimento que, no Brasil, teve como marco o evento no Teatro Municipal, a arte se transformou para sempre. A poesia deixava de lado as formas fixas, como o soneto, e passava a explorar o verso livre com a linguagem cotidiana das ruas.

O choque entre o velho e o novo mundo dava ritmo e imagens para os poemas de Oswald de Andrade, Mário de Andrade, Guilherme de Almeida, Manuel Bandeira e tantos outros, inspirados em vanguardas artísticas como o Cubismo e o Futurismo.

Nos anos 1930, surgiu uma outra geração de poetas, com Carlos Drummond de Andrade, Murilo Mendes e Jorge de Lima, todos tendo acentuada preocupação social. Nos anos 1940, o grande herdeiro dessa nova tradição foi João Cabral de Melo Neto, que, com sua poesia objetiva e enxuta, explorava a própria construção do poema.

O pernambucano João Cabral de Melo Neto (1920-1999) é conhecido como poeta engenheiro, por seus versos claros, simples e racionais.

Forma e conteúdo

Nos anos 1950, reagindo à retomada de formas mais tradicionais da poesia pela Geração de 1945 do Modernismo, Décio Pignatari e os irmãos Haroldo e Augusto de Campos criaram a poesia concreta. O Concretismo defendia a exploração da palavra no espaço visual da página. Esses poetas foram responsáveis por importantes traduções de poesia estrangeira e também pela recuperação de poetas brasileiros de outras épocas, como o romântico Sousândrade.

```
                    p
                  p l
                p l u
              p l u v
            p l u v i
          p l u v i a
        p l u v i a l
      f l u v i a l
      f l u v i a l
    f l u v i a l
  f l u v i a l
f l u v i a l
  l u v i a l
```
Nonononononono

Para os concretistas, todo poema é também um objeto visual. Assim, o poema é feito para ser lido... e visto.

Poesia marginal

Literatura artesanal

No começo de ditadura militar no Brasil, nos anos 1970 do Rio de Janeiro, eles eram bem jovens. Precisavam de espaço para falar de seus sentimentos. Estavam fartos da objetividade concretista: queriam o ritmo da vida na poesia.

Então, Chacal, Charles Peixoto, Eudoro Augusto, Ana Cristina César e alguns poetas mais experientes, como Francisco Alvim e Cacaso, começaram a imprimir seus próprios livros em edições independentes ou mesmo a rodá-los em casa, nos mimeógrafos, máquinas à base de álcool e papel-carbono. Ficaram conhecidos como poetas marginais. Procurando formas alternativas para divulgar suas obras, faziam leituras em bares, portas de cinemas etc. Os poemas falavam de sexo, drogas, *rock* e da opressão militar numa linguagem cheia de gíria. O movimento se espalhou por São Paulo, Brasília, Curitiba, revelando poetas como Glauco Mattoso, Nicolas Behr e Paulo Leminski.

Eu oriento o carnaval

Surgida em 1968, a Tropicália, movimento musical encabeçado por Caetano Veloso e Gilberto Gil, acomodava o arcaico e o moderno, juntando canções tradicionais às guitarras estridentes. A Tropicália teve ecos no teatro (com Zé Celso Martinez), no cinema (com Glauber Rocha), nas artes plásticas (com Hélio Oiticica) e também na literatura.

artista plástico Hélio Oiticica (1937-1980) acreditava que o público deveria interagir com a obra de arte. Para tanto, criou instalações chamadas Penetráveis. mais famosa é Tropicália, palavra inventada por Hélio e mais tarde usada para definir o movimento musical.

Poesia, vontade de mudar o mundo, audácia, humor e juventude: os poetas marginais balançaram a cena do Brasil dos anos 1970. O curitibano Paulo Leminski foi um deles.

Poesia contemporânea

Poesia para todo dia

O que é fazer poesia atualmente? A poesia de hoje parte de uma tradição nacional consistente, aberta pela obra dos modernistas. Todos os jovens poetas procuram passar por esta fonte, já que ela afina o olhar para a vida urbana e para a experiência desnorteada do cotidiano.

O que se percebe na poesia de hoje é que, apesar de não haver mais manifestos declarados, nem mesmo impulsos de rebeldia, ela tenta elaborar esteticamente o sentimento da vida fragmentada e marcada pela mercadoria. O próprio eu lírico – a voz que fala no poema – se sente esmagado e diluído.

Na geração que surge a partir de 2000, nota-se o desejo de uma poesia narrativa, menos descritiva, rompendo cada vez mais com as barreiras dos gêneros literários, como você pôde notar nos poemas que acabou de ler.

Poesia na veia

Na adolescência surgem as primeiras questões sobre a vida. Batem na testa, incomodam o coração. A poesia se alimenta dessas dúvidas: por isso, não é nada incomum que ao longo da história poemas e juventude tenham estado ligados. O impulso dos jovens está presente em poetas românticos do século XIX como Lord Byron, Álvares de Azevedo, ou Arthur Rimbaud, que criou versos geniais entre os 15 e os 18 anos. Paulo Leminski escreveu que, "se vivesse hoje, Rimbaud seria músico de rock".

Expor as contradições e belezas da vida urbana é tarefa da arte e da poesia. Por meio delas, as metrópoles ficam menos individualistas, e a vida, nem tão embrutecida.

A arte imita a arte

Na poesia contemporânea, a música está sempre presente: como fonte de inspiração, como citação e no próprio casamento entre letra e melodia.

Na verdade, todas as artes acabam se comunicando. Uma pega emprestado da outra algumas imagens e muitas ideias. Basta ver, por exemplo, o diálogo entre as pinturas de Di Cavalcanti e os poemas de Manuel Bandeira; entre o poeta Oswald de Andrade e a pintora Tarsila do Amaral; ou a obra dos artistas plásticos Lygia Clark e Hélio Oiticica, nos anos 1960, retomados pela poesia de Ferreira Gullar.

Nos dias de hoje, a assimilação da arte *pop*, como os quadrinhos, os desenhos animados e o cinema, gera muitas imagens utilizadas pelos poetas contemporâneos.

Letra e música

A palavra melódica, como dizia o poeta e letrista Cacaso, pede música. No Tropicalismo, muitos poetas fizeram parcerias com músicos: Paulo Leminski com Caetano Veloso; Waly Salomão também com Caetano e Jards Macalé; Cacaso com Tom Jobim e Suely Costa, entre outros. E a troca continua. Aliás, fica difícil separar letra de música de poesia, como mostram os trabalhos de Mano Brown, Arnaldo Antunes e Marcelo Camelo.

Arnaldo Antunes, poeta-compositor, cujas criações derrubam o limite entre poesia e canção.

Arte urbana

Esquinas com poesia

Quem disse que a poesia fica presa no papel? Ela procura outros espaços. A rua é um deles. As paredes e muros são ótimos para os poemas, e os postes também gostam de amanhecer com versos colados. Qualquer brecha pode abrir caminho para a interação de cidade e "linguagem" poética; dessa forma, a arte deixa o cotidiano da metrópole menos massacrante. No final dos anos 1970, em São Paulo, alguns poetas fizeram poemas curtos e irônicos para serem pichados nos muros, como o clássico "Hendrix/Mandrake/Mandrix", de Walter Silveira, e "Palpite/O grafite/É o limite", de Paulo Leminski. Nos anos 1990, poemas de Arnaldo Antunes, Haroldo e Augusto de Campos, entre outros, foram projetados nas fachadas dos prédios da Avenida Paulista, em São Paulo. Em Brasília, o grupo de artistas Loucos de Pedra tomou conta dos pontos de ônibus com seus poemas grafados em mosaicos.

Nada escapa da poesia, que se quer de todos e anônima, invadindo de forma criativa e inesperada o espaço público.

Você sabia?

A arte do grafite urbano ganha impulso nos anos 1960 nas paredes do Bronx, bairro popular de Nova York. Giz, carimbo, pincéis e sprays são usados para criar desenhos coloridos, muitas vezes social e politicamente críticos. Keith Haring e Jean-Michel Basquiat, artistas norte-americanos que durante as décadas de 1980 e 1990 deixam suas marcas nas ruas de Manhattan, tornam-se ícones da arte pop.

Dos muros brasileiros para o mundo

No Brasil, Alex Vallauri, Waldemar Zaidler, Carlos Matuck e o grupo Tupinão Dá conquistam as ruas paulistanas. Atualmente, o grande destaque na arte do grafite são os irmãos Otávio e Gustavo Pandolfo (Os Gêmeos), com seus personagens caricaturais e de cores quentes.

Os grafites de Os Gêmeos criticam a discriminação e a violência. Os bonecos amarelos são sua marca registrada.

coleção QUERO LER
Suplemento de Atividades

editora ática

POESIA DO DIA – poetas de hoje para leitores de agora
Vários autores

Alegria, surpresa, amadurecimento, perdas, descobertas... Os poemas que você acabou de ler trazem uma imensa gama de sentimentos e percepções de mundo. Ao mergulhar nas linhas de um poema, começamos a perceber a vida de formas diferentes. Que tal refletir um pouco sobre o que é poesia?

Nome:

Ano:

Escola:

( ) O eu lírico explica o que é um mangustão e percebe que pode fazer dele um lugar para guardar suas lembranças mais valiosas.

b) E no poema "História", de Fabrício Corsaletti, o que, em sua opinião, representa a imagem do "bicho morto"?

_____
_____

6. Dentre os poemas do livro, escolha aquele que você mais gostou ou com o qual mais se identificou e justifique sua escolha.

_____
_____
_____

ENTRE COISAS E PALAVRAS

4. O poeta Carlos Drummond de Andrade dizia: "entre coisas e palavras – principalmente entre palavras – circulamos". As palavras, nos poemas, são selecionadas e combinadas. Ao ler o poema "Sem", de Paulo Seben, você deve ter feito uma pausa no final de cada linha. Essa pausa se acentua por causa das rimas que existem nos finais de alguns versos. Por exemplo entre as palavras "quero" e "espero".

a) Há outros pares de palavras que rimam entre si nesse poema? Quais?

_____
_____

b) Contudo, inúmeros poemas desse livro não apresentam rimas. O que você pensa disso? A poesia precisa de rimas?

_____
_____

APRENDIZADO PELA POESIA

5. Muitas vezes, a linguagem empregada nos poemas apresenta sensações e sentimentos por meio de imagens.

a) No poema "[O mangustão é uma fruta de casca dura]", de Danilo Monteiro, o eu lírico pergunta: "Mas o que guardar lá dentro, se o bem da polpa é não permanecer?". Escolha a alternativa que melhor responde à pergunta feita pelo poeta.

( ) O eu lírico se compara à fruta, se surpreende com as coisas valiosas que guarda dentro de si e com a sensação de que elas não mudam.

( ) O eu lírico se compara à fruta, observando que guarda coisas valiosas dentro de si, que mudam com o tempo, e muitas vezes não sabe o que fazer com as lembranças, nem como acompanhar as transformações que ocorrem.

DIA DE POETA

8. Fatos, ideias e sentimentos reais ou imaginários, coisas vividas ou inventadas... tudo é fonte de inspiração para os poetas. Você já tentou escrever seu próprio poema? Escolha um assunto interessante e crie sua poesia: pode ser a amizade, o amor impossível, a violência, a esperança, o primeiro beijo. Tente explorar a linguagem figurada, a sonoridade e o ritmo das palavras. Não se esqueça de usar um dicionário.

Este suplemento é parte integrante da obra **Poesia do dia**. Não pode ser vendido separadamente.
Reprodução proibida. © **Editora Ática**. Elaboração: Nílson Joaquim da Silva.

1. No poema "Ventos", Fabrício Corsaletti diz que gostaria de ser "seguro de si como um bom verso", trata da relação do eu lírico com a falta, a ausência. Observe o trecho: "Já estou varada/ de furos de ausência". Relendo o poema, e o interpretando, o que o eu lírico quis expressar nesses versos?

a) Com este verso, como podemos avaliar a importância da poesia para o poeta?

b) O poeta transforma fatos triviais em imagens poéticas: o vento nas folhas das árvores (ou dos livros), a comida cotidiana, o encontro amoroso. Na sua opinião, como ele construiu essa linguagem poética?

3. Qual é, em sua opinião, a importância das "ausências", dos "vazios existenciais" e de tantas outras necessidades humanas, para a construção poética?

Poesia digital

Pixel-poesia

Você sabia?

Em 1897, o poeta francês Stéphane Mallarmé (1842-1898) concebeu um poema misturando um painel visual e uma partitura musical. Para Augusto de Campos, um dos idealizadores do Concretismo, a partir desse poema foi possível rever as experiências feitas pelas vanguardas até então e pensar em novas formas de criar poesia.

poesia de Mallarmé se caracteriza pe- musicalidade e pela experimentação ramatical.

Para os poetas deste começo do século XXI, a criação poética ganhou novos parceiros tecnológicos. A experimentação multimídia conquista cada vez mais espaço, com videopoema, poesia digital e tantas outras possibilidades que propiciam desde a criação de um objeto poético interativo à releitura de poemas escritos no "arcaico" papel.

Num passeio pela internet, é possível encontrar poemas de Drummond recriados em multimídia e intervenções visuais e poéticas, como as do jovem poeta e DJ Ricardo Domeneck.

Outra forma de fazer circular a poesia atualmente é por meio dos *blogs* – *sites* pessoais usados como diários. Se nos anos 1970 os jovens mimeografavam seus livros e os distribuíam de mão em mão, hoje os *blogs* cumprem essa função. O *blog* "as escolhas afectivas" (www.asescolhasafectivas.blogspot.com) reúne boa parte da produção poética brasileira contemporânea.

Para quem prefere o mundo do papel, as novas tecnologias facilitam a publicação de revistas literárias e livros de pequena tiragem, com um custo menor do que antes. Alguns autores novos confeccionam, eles mesmos, seus livros e mandam imprimir poucos exemplares.

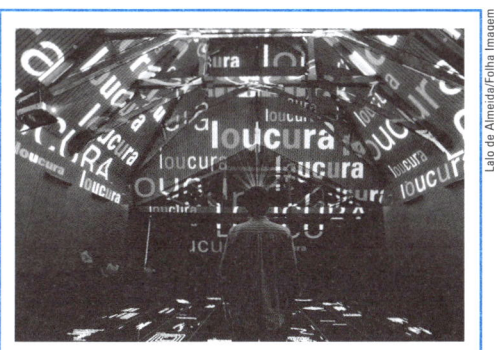

A tecnologia traz novas formas de interagir com a poesia.